山东省地方标准

公路工程赤泥(拜耳法)路基应用技术规程

Technical specification of red mud (Bayer) subgrades application for highway engineering

DB 37/T 3559—2019

主编单位：山东省交通科学研究院
　　　　　山东高速股份有限公司
　　　　　山东省交通运输厅公路局
　　　　　中铝环保节能集团有限公司
　　　　　中铝山东有限公司
　　　　　山东海逸交通科技有限公司
　　　　　山东魏桥铝电有限公司
批准部门：山东省市场监督管理局
实施日期：2019 年 06 月 29 日

人民交通出版社股份有限公司

图书在版编目(CIP)数据

公路工程赤泥(拜耳法)路基应用技术规程／山东省交通科学研究院等主编. —北京：人民交通出版社股份有限公司, 2019.11
ISBN 978-7-114-15939-8

Ⅰ.①公… Ⅱ.①山… Ⅲ.①拜耳法—应用—公路路基—路面施工—技术规范 Ⅳ.①U416.104-65

中国版本图书馆 CIP 数据核字(2019)第 242758 号

书　　名：	公路工程赤泥(拜耳法)路基应用技术规程
著 作 者：	山东省交通科学研究院
	山东高速股份有限公司
	山东省交通运输厅公路局
	中铝环保节能集团有限公司
	中铝山东有限公司
	山东海逸交通科技有限公司
	山东魏桥铝电有限公司
责任编辑：	黎小东　侯蓓蓓
责任校对：	张　贺　宋佳时
责任印制：	张　凯
出版发行：	人民交通出版社股份有限公司
地　　址：	(100011)北京市朝阳区安定门外外馆斜街 3 号
网　　址：	http://www.ccpress.com.cn
销售电话：	(010)59757973
总 经 销：	人民交通出版社股份有限公司发行部
经　　销：	各地新华书店
印　　刷：	北京市密东印刷有限公司
开　　本：	880×1230　1/16
印　　张：	1.25
字　　数：	32 千
版　　次：	2019 年 11 月　第 1 版
印　　次：	2019 年 11 月　第 1 次印刷
书　　号：	ISBN 978-7-114-15939-8
定　　价：	25.00 元

(有印刷、装订质量问题的图书,由本公司负责调换)

目　次

前言 ... III
1 范围 ... 1
2 规范性引用文件 ... 1
3 术语和定义 ... 2
4 基本规定 ... 2
5 赤泥路基设计 ... 2
　5.1 一般规定 ... 2
　5.2 拜耳法赤泥 ... 3
　5.3 改性赤泥 ... 3
　5.4 路基横断面 ... 4
　5.5 压实标准 ... 5
6 赤泥路基施工 ... 5
　6.1 施工前准备 ... 5
　6.2 赤泥储运 ... 6
　6.3 路拌法施工 ... 6
　6.4 集中厂拌法施工 ... 7
　6.5 养生 ... 8
　6.6 冬季和雨季路基施工 ... 8
　6.7 黏土包边施工 ... 9
7 赤泥路基质量管理及验收 ... 9
　7.1 一般规定 ... 9
　7.2 材料试验 ... 9
　7.3 中间检验 ... 10
　7.4 竣工检验 ... 10
8 赤泥路基环保要求 ... 11
　8.1 一般规定 ... 11
　8.2 测试指标限值及分析方法 ... 11
　8.3 工程跟踪监测 ... 13

前 言

本标准按照GB/T 1.1—2009给出的规则起草。

本标准由山东省交通运输厅提出并监督实施。

本标准由山东省交通运输标准化技术委员会归口。

本标准起草单位：山东省交通科学研究院、山东高速股份有限公司、山东省交通运输厅公路局、中铝环保节能集团有限公司、中铝山东有限公司、山东海逸交通科技有限公司、山东魏桥铝电有限公司。

本标准主要起草人：马士杰、吕思忠、孙兆云、刘甲荣、程钰、苏建明、李英勇、杨伟刚、陈婷婷、韦金城、李彬、李庶安、李兴峰、孙杰、余四新、胡家波、杜心、张占明、刘凤海、周晓峰、刘世杰、张跃东、赵宁、王娜、董昭。

公路工程赤泥(拜耳法)路基应用技术规程

1 范围

为了规范拜耳法赤泥用于公路路基的设计与施工，制定本规程。

本规程适用于新建及改扩建公路工程中采用经改性处理后拜耳法赤泥填筑的路基工程。采用赤泥建设的工程项目应通过试验论证并经上级主管部门批准，且环境影响评价文件必须经环境保护行政主管部门批复同意后，方可使用。

本规程未涉及的条款，应按现行国家及行业有关规范、规程执行。

2 规范性引用文件

下列文件对于本文件的应用是必不可少的。凡是注日期的引用文件，仅注日期的版本适用于本文件。凡是不注日期的引用文件，其最新版本(包括所有的修改单)适用于本文件。

GB/T 14848	地下水质量标准
GB/T 14204	水质 烷基汞的测定 气相色谱法
GB/T 15555.4	固体废物 六价铬的测定 二苯碳酰二肼分光光度法
GB/T 15555.12	固体废物 腐蚀性测定 玻璃电极法
GB/T 50123	土工试验方法标准
GB/T 50145	土的工程分类标准
GB 8978	污水综合排放标准
GB 3838	地表水环境质量标准
GB 4284	农用污泥污染物控制标准
GB 36600	土壤环境质量 建设用地土壤污染风险管控标准
GB 34330	固体废物鉴别标准 通则
GB 5085.1	危险废物鉴别标准 腐蚀性鉴别
GB 5085.3	危险废物鉴别标准 浸出毒性鉴别
GB 18599	一般工业固体废物贮存、处置场污染控制标准
JTG D30	公路路基设计规范
JTG F10	公路路基施工技术规范
JTG E40	公路土工试验规程
JTG E51	公路工程无机结合料稳定材料试验规程
JTG F80/1	公路工程质量检验评定标准 第一册 土建工程
HJ/T 20	工业固体废物采样制样技术规范
HJ/T 91	地表水和污水监测技术规范
HJ/T 164	地下水环境监测技术规范
HJ/T 166	土壤环境监测技术规范
HJ/T 298	危险废物鉴别技术规范
HJ/T 299	固体废物 浸出毒性浸出方法 硫酸硝酸法

3 术语和定义

下列术语和定义适用于本文件。

3.1
拜耳法赤泥 bayer red mud

采用拜耳法生产工艺从铝土矿中提取氧化铝后排放的固体废渣。

3.2
改性赤泥 modified bayer red mud

对拜耳法赤泥掺加一定改性处理材料,固化稳定后所得到的混合材料。

3.3
赤泥路基 red mud(bayer)subgrade

使用以拜耳法赤泥为主要成分的改性赤泥所填筑的公路路基。

3.4
赤泥浸出毒性 extraction toxicity of red mud

赤泥按规定的浸出方法所得到的浸出液中,有害物质浓度超过规定值,从而会对环境造成污染的特性。

3.5
地下水质量 ground water quality

由地下水化学、生物和放射性组分构成的地下水的基本属性。

3.6
环境背景值 environmental background value

环境质量的原始状态,指区域内未使用改性赤泥范围或改性赤泥填筑前环境各要素(水、大气、土壤等)中各种化学元素的含量。

4 基本规定

4.1 本规程所选用拜耳法赤泥经过改性处理以后应符合国家现行环境保护的有关规定。

4.2 拜耳法赤泥路基的设计与施工必须符合 JTG D30 和 JTG F10 的有关规定。

4.3 拜耳法赤泥路基施工过程应遵循边施工边防护的原则,避免对环境造成污染。

4.4 赤泥路基施工必须贯彻安全生产的方针,加强施工期的安全防护。

4.5 禁止在江河、湖泊、运河、渠道、水库及其最高水位线以下的滩地和岸坡等法律、法规规定禁止倾倒、堆放废弃物的地点使用赤泥及其产品填筑路基。

4.6 在国务院和国务院有关主管部门及省、自治区、直辖市人民政府划定的自然保护区、风景名胜区、饮用水水源保护区和其他需要特别保护的区域内,禁止使用赤泥及其产品填筑路基。

5 赤泥路基设计

5.1 一般规定

5.1.1 赤泥路基结构设计应充分考虑交通荷载和环境因素对路基长期性能的影响,保证路基在荷载作用、降水等自然因素的不利影响下满足设计要求。

5.1.2 赤泥路基设计应合理确定设计参数,做好断面设计、结构设计和排水设计,保证赤泥路基具有足够的整体稳定性、抗变形能力和环保指标可控性。

5.1.3 赤泥路基结构应以路床顶面回弹模量为设计指标,路床顶面回弹模量应与交通荷载等级相适应并符合表1的规定,其他规定遵照 JTG D30 执行。

表1 赤泥路床顶面回弹模量要求值 E_0

交通荷载等级	极 重	特 重	中等、重	轻
回弹模量(MPa)	≥70	≥60	≥50	≥40
注:表列回弹模量为考虑环境作用(干湿循环或冻融循环),路基达到平衡湿度状态下的动态回弹模量。				

5.2 拜耳法赤泥

5.2.1 预先调查赤泥料源,确定其化学成分、矿物组成、浸出液有害物质浓度、浸出液腐蚀性(pH 值)、烧失量等,经环保鉴别不属于危险废物的方能用于路基填筑。

5.2.2 对拟选用的拜耳法赤泥应按表2所列的检测项目进行室内试验。

表2 拜耳法赤泥检测项目表

序 号	检 测 项 目	检 测 标 准
1	浸出液腐蚀性(pH 值)	GB 5085.1
2	浸出液无机元素及化合物含量	GB 5085.3
3	含水率	JTG E40(T 0103)
4	比重	JTG E40(T 0112)
5	界限含水率	JTG E40(T 0118)
6	颗粒分析	JTG E40(T 0115)
7	击实试验	JTG E40(T 0131)
8	承载比(CBR)试验	JTG E40(T 0134)

5.2.3 同一检验批内的路基应选用同一批次产出的赤泥,尽可能减少赤泥变化导致的施工变异性。施工中如发现赤泥试验特性发生变化,应重新取样,按5.2.2进行检测。

5.3 改性赤泥

5.3.1 对拜耳法赤泥的改性处理应采用化学改良方式,改性处理材料宜选用固体粉末状材料。

5.3.2 在改性处理方案设计中,对改性材料应选择不少于5个掺配剂量。掺配剂量不应小于4%,不宜高于10%。

5.3.3 根据各剂量的击实试验结果,验证不同剂量条件下改性赤泥的环保与路用技术性能,确定最佳剂量。

5.3.4 改性赤泥的环保技术要求包括浸出液的腐蚀性和危害成分浓度,测试方法及限值应满足本规程中第8章的相关要求。

5.3.5 改性赤泥的路用技术性能包括最大粒径、界限含水率、最佳含水率、最大干密度、加州承载比(CBR)、抗剪强度和回弹模量。最小承载比和最大粒径应符合表3的规定。

表3 路基填料最小承载比和最大粒径要求

路基部位	路面底面以下深度(m)	填料最小承载比 CBR(%)			最大粒径(mm)
		高速、一级公路	二级公路	三、四级公路	
上路床	0~0.3	8	6	5	3
下路床	0.3~0.8(轻、中等及重交通)	5	4	3	3
	0.3~1.2(特重、极重交通)	5	5	—	3

3

表 3（续）

路基部位	路面底面以下深度(m)	填料最小承载比 CBR(%) 高速、一级公路	二级公路	三、四级公路	最大粒径（mm）
上路堤	0.8~1.5(轻、中等及重交通)	4	3	3	3
	1.2~1.9(特重、极重交通)	4	3	—	3
上路堤	1.5以下(轻、中等及重交通)	3	2	2	3
	1.9以下(特重、极重交通)	3	2	2	3

注1：该表 CBR 试验条件应符合 JTG E40 的规定。
注2：三、四级公路铺筑沥青混凝土和水泥混凝土路面时，应采用二级公路的规定。
注3：年平均降雨量小于400mm地区，路基排水良好的非浸水路基，可采用平衡湿度状态的含水率作为CBR试验条件，并应结合当地气候条件和交通荷载等级，通过试验论证确定路基填料最小CBR控制标准。

5.4 路基横断面

5.4.1 赤泥路基由赤泥路基中心土、包边土(一般黏性土或其他材料)、边坡防护和排水系统等部分组成(图1)。

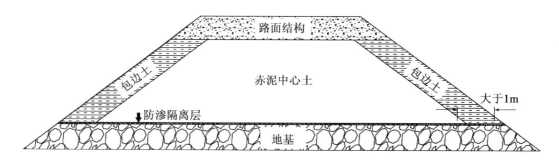

图 1 赤泥路基横断面结构设计示意图

5.4.2 赤泥路基设计应根据路基所处的环境条件、改性赤泥的性质及填筑部位等，做好赤泥路基横断面形式、路基结构、防排水系统和防护工程的综合设计，保证赤泥路基具有足够的强度和稳定性，同时防止其对地表水、地下水、土壤以及生态环境造成污染。

5.4.3 赤泥路基不得应用于浸水地段以及洪水浸淹部位。

5.4.4 赤泥路基的结构设计应符合下列要求：
a) 赤泥路基应采用封闭式路基结构，对边坡和路肩采取土质护坡保护措施。
b) 包边土厚度应根据公路等级、地理环境、自然条件、土质、施工条件等因素而定，水平方向厚度应不小于1m。
c) 边坡应根据地质水文条件选择防护方案，防止地表径流冲刷坡面。

5.4.5 为隔离或减轻污染物扩散的影响，赤泥路基底部应离开地下水位或地表长期积水位500mm以上，否则应设置防渗隔离层。

5.4.6 防渗隔离层宜选用防渗土工膜进行施工，且防渗土工膜施工应符合下列要求：
a) 防渗土工膜应粘接牢固，达到强度和防渗漏要求，局部不应产生下沉拉断现象。土工膜的粘接处应通过试验检验。
b) 在垂直高差较大的边坡铺设防渗土工膜时，应设锚固平台，平台高差应结合实际地形确定，不宜大于10m，边坡坡度宜小于1:2。

5.4.7 临时积水或毛细水影响较小的路段，应设置厚度不小于20cm防渗隔离层，防渗隔离层应采用黏质土。

5.4.8 赤泥路基边坡率应视路基高度而定。5m以下的路基，边坡率应为1:1.5；5m以上的路基，上部边坡率应为1:1.5，下部边坡率应为1:1.75。如受用地限制，下部可做路肩挡墙，视具体条件可适当减小边坡率。

5.5 压实标准

5.5.1 按照JTG E40中重型击实试验方法，确定改性赤泥的最大干密度和最佳含水率。

5.5.2 根据公路等级、路基高度确定赤泥路基压实标准。

5.5.3 赤泥路基应分层铺筑，均匀压实，且压实工艺应符合下列要求：
a) 路床顶面横坡应与路拱横坡一致。
b) 填料最大粒径应不大于3mm。
c) 压实度应符合表4的规定。

表4 赤泥路基压实度要求

路基部位		路面底面以下深度（m）	压实度（%）		
			高速、一级公路	二级公路	三、四级公路
上路床		0~0.3	≥96	≥95	≥94
下路床	轻、中等交通	0.3~0.8	≥96	≥95	≥94
	重、特重交通	0.3~1.2	≥96	≥95	—
上路堤	轻、中等及重交通	0.8~1.5	≥94	≥94	≥93
	特重、极重交通	1.2~1.9	≥94	≥94	≥93
下路堤	轻、中等及重交通	1.5以下	≥93	≥92	≥90
	特重、极重交通	1.9以下			

注1：表列压实度按JTG E40中重型击实试验所得最大干密度求得。
注2：三、四级公路铺筑沥青混凝土和水泥混凝土路面时，其压实度应采用二级公路压实度标准。
注3：路基处于特殊气候地区时，压实度标准可根据试验路在保证路基回弹模量要求的前提下降低2~3个百分点。

6 赤泥路基施工

6.1 施工前准备

6.1.1 根据设计要求和调查的现场实际情况，结合工程数量和工期要求，制订施工组织设计。做到材料、机具设备、劳动力、临时工程、生活供应等全面落实。上报现场监理工程师或业主批准并及时提交开工申请报告，必要时应编制赤泥路基施工网络计划。

6.1.2 施工前应按现行有关规范做好施工测量工作，包括导线、中线、水准点复测、横断面抽查与补测、增设水准点等。

6.1.3 赤泥路基正式施工之前，应选择在代表性地质条件、断面形式的路段铺筑试验段，试验段长度不宜小于200m。

6.1.4 赤泥路基试验段施工应完成下列工作：
a) 改性赤泥填料试验、检测报告等。
b) 改性赤泥压实工艺主要参数：机械组合、压实机械规格、松铺厚度、碾压遍数、碾压速度、最佳含水率及碾压时含水率允许偏差等。
c) 过程质量控制方法、指标。
d) 质量评价指标、标准。
e) 优化后的施工组织方案及工艺。
f) 原始记录、过程记录。
g) 对施工设计图的修改建议等。

6.1.5 试验路段施工中及完成以后,应加强对有关指标的检测。完工后,应及时完成试验段总结报告。

6.1.6 路拌法施工赤泥需临时存放时,应合理规划堆放位置,采取防风抑尘措施并设置地表隔离防止雨水地表径流冲刷。

6.1.7 厂拌法施工前,厂(站)内的赤泥储存应设置隔离墙、遮雨棚等封闭隔离设施。

6.1.8 施工前应加强对作业人员的安全、环保培训,重点做好施工过程中的有效防护措施与应急预案,防止赤泥粉尘对作业人员面部、眼部及呼吸器官造成伤害。

6.2 赤泥储运

6.2.1 赤泥料源的选择应考虑经济合理的原则,宜选择工程沿线就近的赤泥料场。

6.2.2 赤泥含水率的调节宜在赤泥堆场内进行。过湿的赤泥应摊铺晾晒,过干的赤泥应在施工前2d~3d在堆场中洒水闷料,视运输距离和气候条件将含水率调节到高于最佳含水率2%~3%范围。

6.2.3 从赤泥堆场到改性处理厂(站)、改性处理厂(站)到施工现场之间不得中转。

6.2.4 运输车辆应采用防渗漏、覆盖等防护措施,防止运输途中赤泥或改性赤泥材料洒落、流失、渗漏。

6.2.5 运输车辆驶离赤泥堆场、改性处理厂(站)以及施工场地,上路前应进行清扫、冲洗。

6.3 路拌法施工

6.3.1 路拌法施工工艺流程:①施工前准备→②地表处理→③检测合格→④赤泥运输→⑤整平→⑥撒布赤泥改性材料→⑦路拌机拌和→⑧稳压→⑨振动压实→⑩终压→⑪检测合格→⑫养生→⑬下一层施工(返回第④步循环施工直至达到规定的填筑高程)。

6.3.2 对原地表应采用振动压路机压实处理。压实后的地基经检测达到地基压实标准后方可进行改性赤泥路基施工,检测不合格时应补压直到合格为止。

6.3.3 整平。对运送至填方路段内的赤泥采用推土机摊铺整平或采用推土机配合平地机整平。摊铺平整后,可通过填料前后定点测量高程控制松铺厚度,每层松铺厚度宜通过前期试验段确定。

6.3.4 撒布改性材料。随时跟踪检测赤泥含水率,当含水率高于最佳含水率2%~3%时,可安排掺加改性材料。宜采用方格法或其他合适的布料方式撒布赤泥改性材料,并严格控制赤泥改性材料的掺加剂量。

6.3.5 路拌机拌和。改性材料撒布完成之后,应采用路拌机拌和。拌和保证无夹层,拌和宽度每道重合30cm,拌和过程中随时检查拌和深度及搭接宽度,随时检查改性材料与赤泥是否均匀,赤泥粒径是否满足设计及规范要求(最大粒径不大于3mm),不满足要求的应进行第2次拌和,第2次拌和仍不能满足要求的应进行第3次拌和。

6.3.6 稳压。改性赤泥压实应遵循先轻后重原则,宜先用履带式机具或轻型压实机械稳压,稳压时按照一般土方路基的压实工艺,从路基边缘向内侧逐轮碾压,碾压时轮迹重叠宽度不小于1/2单轮宽度,单侧轮迹布满一个作业面为1遍,稳压2遍。

6.3.7 赤泥路基振动压实时应按下列规定进行:
a) 振动压实宜用20t~50t的中型或重型振动压路机进行,碾压应先慢后快,采用强振进行振动碾压。

b) 压实遍数应根据试验段确定的压实遍数进行控制。若试验段的控制压实遍数超过10遍,应考虑减少填料层厚,经压实度检验合格方可转入下道工序,不合格时应进行补压再做检验,直到合格为止。
c) 在没有试验段压实遍数数据的条件下,建议振动压路机碾压遍数不低于6遍。
d) 碾压轮迹应相互搭接,且搭接宽度不应小于1/3,轮迹布满一个作业面为1遍。
e) 压路机碾压时行驶速度不宜超过2.5km/h;碾压时直线段由两边向中间进行,小半径曲线段由内侧向外侧,纵向进退式进行。前后相邻两区段(碾压区段之前的平整预压区段与其后的检验区段)应纵向重叠2.0m以上,达到无漏压、无死角,确保碾压均匀。
f) 对路基局部边角地带,如检查井周围、桥台或挡墙后背、沟槽回填等不能使用压路机碾压的部位,应采用小型手扶或振动压路机、蛙式夯实机进行碾压夯实并达到规定的压实度。

6.3.8 终压。终压压实工艺与稳压相同,轮迹重叠宽度不小于1/2单轮宽度,终压2遍。

6.3.9 检测。赤泥路基压实完成之后应及时进行压实度检测,压实度检测优先采用灌砂法。压实度应达到本规程规定的标准,若达不到要求时应及时进行补压,直到合格方可进行下一道工序的作业。检测取样位置、深度也应符合本规程相关规定。

6.3.10 赤泥路基全部施工完毕且经检测符合规定要求后,方可继续填筑上层。

6.3.11 在进行下一层施工之前,应控制卸料汽车的行驶方向和速度,不得在下层赤泥顶面上掉头、高速行驶、紧急制动等,以免造成赤泥压实层松散。

6.3.12 赤泥在施工现场临时存放的,应采取防渗、防风、防雨措施;施工过程应采取防风抑尘措施,防止产生扬尘。

6.3.13 未使用完的赤泥应及时回收,运回赤泥生产单位的赤泥堆场(库)等符合环保要求的合法规范的固体废物处置场所。

6.4 集中厂拌法施工

6.4.1 改性赤泥路用材料可以在中心厂(站)采用厂拌设备进行集中拌和。对于高速公路和一级公路宜采用集中厂拌法生产的改性赤泥。

6.4.2 在正式厂拌改性赤泥之前,选择合适的集中厂拌设备且必须先对所用厂拌设备进行标定、调试,满足改性赤泥拌和要求。

6.4.3 集中厂拌改性赤泥应符合下列要求:

a) 厂拌改性赤泥的含水率宜控制在略高于最佳含水率+3%,且使混合料运到现场摊铺后碾压时的含水率不小于最佳含水率。
b) 赤泥颗粒的最大粒径不大于3mm。
c) 改性材料的剂量控制应准确,误差不大于±0.5%。

6.4.4 在潮湿多雨地区或其他地区雨季施工时,应采取覆盖防护措施,防止雨淋或浸水。

6.4.5 厂拌合格的改性赤泥应尽快运送到铺筑现场。运输过程中应进行覆盖,减少水分损失和撒落。

6.4.6 对于高速公路和一级公路,宜采用沥青混凝土摊铺机或专用稳定土摊铺机进行改性赤泥摊铺。

6.4.7 集中厂拌设备与摊铺机的生产能力应互相匹配,应实现连续摊铺。

6.4.8 二级及以下等级公路改性赤泥施工,可采用推土机或平地机组合摊铺混合料,改性赤泥运输应从路基一端开始向前逐渐推进,用推土机摊料,平地机整平,半幅路基全宽一次进行。也可以用自动平地机按以下步骤摊铺混合料:

a) 根据铺筑层的厚度和要求达到的压实干密度,计算每车混合料的摊铺面积。
b) 将混合料均匀地卸在路幅中央,当路幅较宽时,也可将混合料卸成两行。
c) 用平地机将混合料按松铺厚度摊铺均匀。

6.4.9 改性赤泥摊铺完成之后,应采取先轻后重的原则及时压实。先用轻型压路机跟在摊铺机后及时碾压,再采用20t~50t的中、重型振动压路机或轮胎压路机继续碾压密实。

6.4.10 集中厂拌赤泥摊铺完成后的碾压和检测验收均与路拌法施工相同。

6.4.11 集中厂拌法施工时的横向接缝应符合下列要求:
   a) 用摊铺机摊铺混合料时,不宜中断,如因故中断时间超过6h,应设置横向接缝,摊铺机应驶离混合料末端。
   b) 人工将末端含水率合适的改性赤泥整理整齐,紧靠混合料放两根方木,方木的高度应与混合料的压实厚度相同。
   c) 摊铺机返回到已压实层的末端,重新开始摊铺混合料。
   d) 如摊铺中断后,未按上述方法处理横向接缝,而中断时间已超过6h,则应将摊铺机附近及其未经压实的混合料铲除,并将已碾压密实且高程和平整度符合要求的末端挖成与路中心线垂直并垂直向下的断面,然后再摊铺新的混合料。

6.4.12 应尽量避免纵向接缝。高速公路和一级公路的基层宜分两幅摊铺,宜采用两台摊铺机一前一后相隔约10m~20m同步向前摊铺混合料,并一起进行碾压。

6.4.13 在不能避免纵向接缝的情况下,纵缝必须垂直相接,严禁斜接,并符合下列规定:
   a) 在前一幅摊铺时,在靠中央的一侧用方木或钢模板做支撑,方木或钢模板的高度应与赤泥混合料层的压实厚度相同。
   b) 养生结束后,在摊铺另一幅之前,拆除支撑方木或钢模板。

6.4.14 赤泥及改性赤泥在改性处理厂(站)的临时存放场(库),应采取防渗、防风、防雨措施。

6.4.15 赤泥改性厂(站)内的运输道路应及时清扫、洒水抑尘;改性赤泥生产设备应安装防尘设施,防止产生扬尘;严格控制改性赤泥材料的含水率,防止产生施工扬尘。

6.4.16 拌和厂(站)及施工现场未使用的赤泥及改性赤泥材料应及时回收,并运回赤泥生产单位的赤泥堆场(库)等符合环保要求的合法规范的固体废物处置场所。

6.5 养生

6.5.1 经检验达到质量要求的赤泥路基,应采用覆盖养生,每天洒水的次数应视气候而定,整个养生期间应保持改性赤泥层表面潮湿。

6.5.2 改性赤泥压实完成后,养生期不宜小于3d。

6.5.3 在养生期间或养生期结束后未进行上层施工前,应限制重型车辆行驶。小型车辆及洒水车通行时,速度应限制在15km/h以下。

6.5.4 当赤泥路基较长时间不能继续施工时,应进行表层覆土或毛毡覆盖,做好路拱横坡,以利表面排水。

6.6 冬季和雨季路基施工

6.6.1 应根据季节特点和施工段的地质地形条件,制订合理的施工方案。

6.6.2 应做好临时排水,并与永久排水设施衔接顺畅。

6.6.3 赤泥路基冬季施工要求如下:
   a) 高速公路、一级公路的赤泥路基和地质不良地区二级及二级以下公路赤泥路基不宜进行冬季施工。河滩低洼地带,可被水淹没的赤泥路基不宜冬季施工。改性赤泥路基路床以下1m范围内,不得进行冬季施工。
   b) 冬季赤泥路基施工应采取措施,及时排放雨雪水及路堑开挖时出现的地下水。
   c) 赤泥路基填筑应按横断面全宽平填,每层松铺厚度应比正常施工减少20%~30%,且松铺厚度不得超过300mm。当天填土应当天完成碾压。中途停止填筑时,应整平填层和边坡并进行覆盖防冻,恢复施工时应将表层冰雪清除,并补充压实。
   d) 当填筑高程距路床底面1m时,碾压密实后应停止填筑,在顶面覆盖防冻保温层,待冬季过后整理清表,再分层填至设计高程。
   e) 赤泥路基冬季施工期的日最低气温应在5℃以上。有冰冻的地区,应在第一次气温降至0℃以下的7d前完成施工,施工完成后覆盖20cm厚土,防止受冻。

6.6.4 赤泥路基雨季施工要求如下:
   a) 雨季施工应综合规划、合理设置现场防、排水系统,防止路基范围以外的雨水流入赤泥路基。
   b) 赤泥路基每层施工结束后应设置2%~4%的表面排水横坡。
   c) 雨季应在路基范围内边角处设置集水坑,路肩外侧设置纵向临时挡水土埝等隔离措施,防止路基范围内雨水向外流淌。
   d) 赤泥路基应分层填筑,填筑的土层应当天或雨前完成压实。
   e) 雨季施工时,压实结束后立即覆盖塑料膜,防止降水对路基表面的冲刷。

6.7 黏土包边施工

6.7.1 赤泥路基为防止边坡风蚀和雨水冲刷,确保路基稳定,应对赤泥路基边坡及时进行防护。

6.7.2 黏土包边施工前应提交相关试验资料,主要包括土的界限含水率、击实试验、CBR试验等。

6.7.3 赤泥路基包边应选用一般黏性土,包边土底部埋入原地面下20cm,顶部至硬路肩底面,并做成向外5%的横坡。

6.7.4 赤泥路基黏土包边应与赤泥路基同时填筑施工,并采用蛙式打夯机或手扶式压路机分层夯实补强。包边土每层按2点/50m进行检测,压实度不小于96%。

6.7.5 路堤黏土包边分层压实后应按设计边坡坡度修整边坡,使坡面平顺。

7 赤泥路基质量管理及验收

7.1 一般规定

7.1.1 必须建立、健全质量管理体系,实行施工单位自检和质监部门抽检相结合的质量管理制度。

7.1.2 施工质量管理应包括所用材料的标准试验、中间检查和竣工检验。工程质量检验评定标准按照JTG F80/1中对于土方路基的有关规定执行。

7.1.3 施工单位的工地试验室应具备施工质量检验能力,且配备进行材料、施工质量控制和检验所需的试验设备和仪器,同时还应配备相应的技术和管理人员。

7.1.4 质量检验应做到方法规范、原始资料齐全、数据可靠。

7.2 材料试验

7.2.1 同一产地、同一生产工艺的拜耳法赤泥以2 000m³为一个检验批,不足2 000m³计一个检验批。按5.2.2的规定进行材料试验。

7.2.2 同一配合比的改性赤泥以5 000m³为一个检验批,不足5 000m³计一个检验批。改性赤泥的试验项目包括:
   a) 天然含水率。
   b) 液限、塑限、塑性指数、天然稠度。
   c) 重型击实试验(确定最大干密度、最佳含水率)。
   d) 强度试验(CBR值)。

7.2.3 当赤泥特性发生变化时,应重新取样按5.3进行配合比设计。

7.2.4 包边土以 2 000 m³ 为一个检验批或土质发生明显变化时，按 6.7.2 的要求取样进行室内试验，试验结果应满足 JTG F10 中路基填料的相关规定。

7.3 中间检验

7.3.1 施工过程中的检查及各项控制按招标文件中的技术规范有关规定执行。

7.3.2 施工过程中应对赤泥路基宽度、包边土宽度、高程、路基横坡等项目进行控制，并满足表5的规定。

表 5 赤泥路基施工质量标准

序号	检查项目	允许偏差			检查方法或频率
		高速、一级公路	二级公路	三、四级公路	
1	纵断高程(mm)	+10，-15	+10，-20	+10，-20	每200m测4个断面
2	中线偏位(mm)	50	100	100	每200m测4点，弯道加测HY、YH两点
3	路基宽度	不小于设计值	不小于设计值	不小于设计值	每200m测4处
4	包边土宽度	不小于设计值	不小于设计值	不小于设计值	每200m测4处
5	平整度(mm)	15	20	20	3m直尺；每200m测2处×10尺
6	横坡(%)	±0.3	±0.5	±0.5	每200m测4个断面
7	边坡坡度	不陡于设计坡度	不陡于设计坡度	不陡于设计坡度	每200m抽查4处
8	弯沉	不大于设计值	不大于设计值	不大于设计值	按设计要求

7.3.3 压实度检测应符合以下规定：
  a) 优先选用灌砂法进行检测，取样位置为每一压实层底部。用环刀法试验时，环刀中部处于压实层厚的1/2深度。
  b) 施工过程中，每一压实层均应检验压实度，检测频率为每1 000 m² 至少检验2点，不足1 000 m² 时检验2点，必要时可根据需要增加检验点。

7.4 竣工检验

7.4.1 竣工检验的目的是评价所完成的赤泥路基是否满足设计文件和施工规范的要求。检验内容包括基本要求、外观鉴定和实测项目三部分。只有在符合基本要求的规定，并无严重的外观缺陷时，方能进行实测项目的检查评定。

7.4.2 基本要求：
  a) 施工原始记录完整齐全。根据材料试验报告核查所用各种材料的各项性能指标，应符合设计规范要求。
  b) 根据自检记录核查每层的压实厚度、含水率、压实度等，应符合设计或规范要求，检验报告齐全，频率符合规定。

7.4.3 外观鉴定：
  a) 路基表面平整密实，无湿软、弹簧等现象，没有明显的碾压轮迹。
  b) 路基边坡顺直，曲线圆滑，坡面平整稳定。
  c) 路拱平顺，排水良好。
  d) 盲沟布置合理，无阻塞；边沟通畅，路基无浸泡。

7.4.4 实测项目。赤泥路基竣工检验实测项目见表6。

表 6 赤泥路基实测项目表

项次	检测项目	检测频率		规定值或允许偏差		检验方法
		范围	应测点数	高速、一级公路	其他等级公路	
1	压实度(%)	200m	每层4处	符合表4规定		灌砂法、环刀法
2	弯沉(0.01mm)	按JTG F80/1附录J检查		不大于设计验收值		贝克曼梁法、FWD法
3	纵断高程(mm)	每200m	2个断面	+10，-15	+10，-20	水准仪
4	中线偏位(mm)	每200m	2点(弯道加测ZY、YZ两点)	50	100	全站仪
5	路基宽度(mm)	每200m	4处	满足设计要求		皮尺
6	包边土宽度(mm)	每200m	4处	不小于设计值		皮尺
7	平整度(mm)	每200m	2处×5尺	≤15	≤20	3m直尺
8	横坡(%)	每200m	2个断面	±0.3	±0.5	水准仪
9	边坡	每200m	4处	满足设计要求		尺量

注：表中实测项目的检测频率是按双车道路段的最低检查频率，对于多车道应按车道数与双车道之比相应增加检查数量。

8 赤泥路基环保要求

8.1 一般规定

8.1.1 拜耳法赤泥经鉴别属于危险废物的不得用于路基填筑。

8.1.2 改性赤泥用于路基填筑前，应对其腐蚀性(pH值)和浸出毒性进行测试。

8.1.3 对改性赤泥填筑路基路段，应进行环境影响跟踪监测。监测对象主要为地下水，必要时也应包括地表水、土壤等。

8.2 测试指标限值及分析方法

8.2.1 拜耳法赤泥的危险特性鉴别按 GB 5085.1 和 GB 5085.3 执行，且应符合表7的规定。

表 7 拜耳法赤泥危险特性鉴别标准

序 号	项 目	限 值	分析方法
1	pH值	>2.0，<12.5	GB/T 15555.12
2	铜(以总铜计)(mg/L)	100	GB 5085.3
3	锌(以总锌计)(mg/L)	100	GB 5085.3
4	镉(以总镉计)(mg/L)	1	GB 5085.3
5	铅(以总铅计)(mg/L)	5	GB 5085.3
6	总铬(mg/L)	15	GB 5085.3
7	铬(六价)(mg/L)	5	GB/T 15555.4
8	烷基汞(mg/L)	不得检出	GB/T 14204
9	汞(以总汞计)(mg/L)	0.1	GB 5085.3

表7(续)

序 号	项 目	限 值	分析方法
10	铍(以总铍计)(mg/L)	0.02	GB 5085.3
11	钡(以总钡计)(mg/L)	100	GB 5085.3
12	镍(以总镍计)(mg/L)	5	GB 5085.3
13	总银(mg/L)	5	GB 5085.3
14	砷(以总砷计)(mg/L)	5	GB 5085.3
15	硒(以总硒计)(mg/L)	1	GB 5085.3
16	无机氟化物(不包括氟化钙)(mg/L)	100	GB 5085.3
17	氰化物(以CN⁻计)(mg/L)	5	GB 5085.3

8.2.2 改性赤泥浸出液的pH值及危害成分应符合表8的限值要求。

表8 改性赤泥环保检测项目及限值

序 号	项 目	限 值	分析方法
1	pH值	>2.0，<12.5	GB/T 15555.12
2	铜(以总铜计)(mg/L)	1.00	GB 5085.3
3	锌(以总锌计)(mg/L)	1.00	GB 5085.3
4	镉(以总镉计)(mg/L)	0.005	GB 5085.3
5	铅(以总铅计)(mg/L)	0.01	GB 5085.3
6	总铬(mg/L)	15	GB 5085.3
7	铬(六价)(mg/L)	0.05	GB/T 15555.4
8	烷基汞(mg/L)	不得检出	GB/T 14204
9	汞(以总汞计)(mg/L)	0.001	GB 5085.3
10	铍(以总铍计)(mg/L)	0.002	GB 5085.3
11	钡(以总钡计)(mg/L)	0.70	GB 5085.3
12	镍(以总镍计)(mg/L)	0.02	GB 5085.3
13	总银(mg/L)	0.05	GB 5085.3
14	砷(以总砷计)(mg/L)	0.01	GB 5085.3
15	硒(以总硒计)(mg/L)	0.01	GB 5085.3
16	无机氟化物(不包括氟化钙)(mg/L)	1.0	GB 5085.3
17	氰化物(以CN⁻计)(mg/L)	0.05	GB 5085.3

8.2.3 地下水的测试项目应按表8中所列项目确定，测试结果应低于表8中的限值或低于环境背景值。

8.2.4 地表水的监测项目包括砷、镉、铬(六价)、铜、铅、汞、镍、锑、铍、钴、甲基汞、钒、氰化物，其中砷、镉、铬(六价)、铜、铅、汞、氰化物的分析方法和含量限值按GB 3838中Ⅴ类地表水标准要求执行，镍、锑、铍、钴、甲基汞、钒的分析方法和含量限值按GB 3838中集中式生活饮用水地表水源地特定项目标准要求执行。

8.2.5 土壤的监测项目包括砷、镉、铬(六价)、铜、铅、汞、镍、锑、铍、钴、甲基汞、钒、氰化物,分析方法和含量限值按 GB 36600 执行。

8.3 工程跟踪监测

8.3.1 工程现场监测项目应根据前期赤泥原材料、改性赤泥检测及环境现状监测结果确定。项目包括赤泥原材料、改性赤泥中的主要及特征污染物,地下水环境或地表水环境中可能受赤泥原材料或改性赤泥影响的主要及特征污染物,可参照 GB/T 14848 相关指标确定。

8.3.2 赤泥原材料、改性赤泥危害成分检测结果以及地下水、地表水环境现状监测结果浓度均低于表8中的限值或测试未检出的污染物监测项目,可以不进行跟踪监测。

8.3.3 监测工作一般包括信息收集整理、监测计划编制、监测点位布设、样品采集及现场分析、样品实验室分析、数据处理、监测报告编制等。其中,布点采样是监测工作的实施重点,在样品的采集、准备、运输及分析过程中,应采取必要的质量控制措施。

8.3.4 监测点布设要求如下:
a) 根据现场环境调查所确定的地理位置、场地边界,确定布点范围。
b) 对于布点范围内水文地质条件相近的区域,采取随机布点法进行监测点位的布设。
c) 地下水监测布点应考虑在地下水径流的上、下游布点,下游加密布点。
d) 地表水监测布点应考虑在地表水径流的上、下游或地表水径流汇集处下游布点,下游加密布点。
e) 土壤监测布点采用分区布点法进行布设。

8.3.5 样品采集要求如下:
a) 地下水采样时应根据当地的水文地质条件,利用最低采用频次获得最有代表性的样品。具体采集工作应按照 HJ/T 164 中的样品采集技术执行。
b) 为反映地表水与地下水的水力联系,地表水的采样频次与采样时间应尽量与地下水采样保持一致。具体采集工作应按照 HJ/T 91 中的样品采集技术执行。
c) 土壤样品采集应保证采样过程中不被二次污染。具体采集工作应按照 HJ/T 166 中的样品采集技术执行。